Programación en C# para principiantes

Cómo aprender C# en menos de una semana.

El curso completo definitivo, paso a paso, desde el principiante hasta el programador avanzado

William Brown

expreso por escrito de la Editorial. Todos los derechos adicionales están reservados.

La información contenida en las siguientes páginas se considera, en términos generales, una exposición veraz y exacta de los hechos y, como tal, cualquier falta de atención, uso o mal uso de la información en cuestión por parte del lector hará que cualquier acción resultante sea únicamente de su incumbencia. El editor o el autor original de esta obra no pueden ser considerados de ninguna manera responsables de los daños y perjuicios que puedan sufrir los lectores tras la utilización de la información aquí descrita.

Además, la información contenida en las páginas siguientes tiene únicamente fines informativos, por lo que debe considerarse universal. Como corresponde a su naturaleza, se presenta sin garantía de su validez prolongada ni de su calidad provisional. Las marcas comerciales que se mencionan se hacen sin el consentimiento por escrito y no pueden considerarse en modo alguno como un respaldo del titular de la marca.

Índice de contenidos

Introducción

Saludos! compañero programador que también está descubriendo los fundamentos. Muchas gracias por tener en tus manos este libro! Este libro está escrito para ayudarte a aprender a programar en C# rápidamente, tanto si eres un programador informático establecido como si eres un total novato. Los temas han sido cuidadosamente elegidos para proporcionarle una introducción detallada a C#, evitando al mismo tiempo la sobrecarga de conocimientos, pero antes de comenzar este apasionante viaje, vamos a responder a algunas preguntas básicas:

¿La mejor manera de leer este libro?

Cuando se trata de leer libros técnicos, no hay una forma correcta o incorrecta. Depende del lector cómo quiera progresar. Este libro tiene ejemplos de código escrito e incrustado con salida que ayudarán a entender el funcionamiento del código C#. Cada vez que se inicia un nuevo concepto de programación, se comienza explicando su sintaxis y luego se trabaja a partir de ahí. En este libro, los fundamentos de la programación se describen en detalle.

Capítulo 1: ¿Qué es C#?

1.1: ¿Qué es un lenguaje de programación?

Un lenguaje de programación, en palabras sencillas, es el lenguaje de los ordenadores. Existen numerosos lenguajes de programación para ordenadores, y estos lenguajes suelen tener un conjunto de reglas que el programador (la persona que escribe el código) debe seguir. En otras palabras, un lenguaje de programación es un lenguaje artificial que un ordenador puede entender. Hay dos tipos significativos de lenguajes de programación que son:

- Lenguajes de programación de bajo nivel
- Lenguajes de programación de alto nivel

Los **lenguajes de bajo nivel** son lenguajes de programación que contienen instrucciones básicas que un ordenador puede entender. A diferencia de los lenguajes de alto nivel utilizados por los desarrolladores de software, el código de bajo nivel suele ser críptico y los humanos no pueden entenderlo. El lenguaje ensamblador y el lenguaje máquina son dos tipos de lenguajes de programación de bajo nivel. Los programas de software y los scripts se crean en lenguajes de alto nivel, **como C#, C++ o Java.** Un programador puede crear y editar el código fuente en lenguajes de alto nivel utilizando un **IDE** o un editor de texto. Sin embargo, un ordenador no puede reconocer el código escrito en un lenguaje de alto nivel, por lo que un lenguaje de alto nivel se traduce a código máquina (lenguaje de bajo nivel).

El **lenguaje ensamblador** está más cerca de la comprensión del ordenador si lo comparamos con los lenguajes de alto nivel. Consta de palabras esenciales en inglés llamadas comandos como ADD (sumar), SUB (restar) y MOV (mover). Estos comandos realizan operaciones fundamentales, como leer y escribir valores en los registros de memoria y realizar cálculos. Aunque el lenguaje ensamblador se considera de bajo nivel, es necesario convertirlo en código máquina para que los ordenadores lo entiendan. Para esta conversión, se utiliza Assembler.

A continuación, tenemos el **lenguaje de la máquina o código de la máquina,** que se conoce como el lenguaje real del ordenador escrito en la arquitectura del ordenador. El código máquina suele estar en forma binaria, 0 o 1, verdadero o falso. Por lo tanto, el código máquina es el nivel más bajo del lenguaje de programación, ya que el ordenador lo entiende sin necesidad de traducirlo o convertirlo. Estos números binarios (0s y 1s) se combinan y forman un conjunto de instrucciones para el ordenador, por lo que cuando un programador escribe el código en un lenguaje de alto nivel, lo convierte en código máquina utilizando un intérprete (el intérprete ejecuta el código por código en tiempo real) o y el compilador (el compilador primero recoge todo el código, y luego lo ejecuta).

Ahora hablemos más sobre los lenguajes de alto nivel, estos lenguajes están hechos para que los programadores, desarrolladores creen programas sin entender el código de la máquina, todos los lenguajes de alto nivel tienen un conjunto de reglas que el codificador necesita seguir, cada lenguaje también tiene una sintaxis diferente, algunas características de los lenguajes de alto nivel son:

- Los lenguajes de alto nivel se acercan o son similares al habla humana.

- Son fáciles de programar, a diferencia del lenguaje de bajo nivel.

- No colaboran directamente con el hardware o la máquina.

En este libro, aprenderemos a codificar en C#.

1.2: Introducción a C#

C# (pronunciado C-sharp o See-Sharp) es un lenguaje de programación de propósito general y orientado a objetos que se utiliza para una amplia gama de aplicaciones (de las que hablaremos más adelante en detalle). Microsoft anunció C# en la "Professional Developers Conference" de julio de 2000, dirigida por Anders Hejlsberg. Este lenguaje de programación se utiliza para construir diversos programas y aplicaciones utilizando *Microsoft .Net Framework* (Framework es una estructura que indica qué tipo de programas se pueden hacer y cómo funcionan, algunos frameworks también incluyen programas reales u ofrecen herramientas de programación) otros frameworks como *ASP .Net*. El código C#, como todos los lenguajes de programación modernos, se parece mucho al inglés, que los ordenadores no pueden comprender. Por lo tanto, el código C# debe ser convertido en lenguaje de máquina un compilador.

1.3: ¿Por qué C#?

Quizá se pregunte por qué C#? Pues porque C# tiene una amplia gama de usos. Se puede utilizar C# para crear videojuegos, aplicaciones científicas, aplicaciones web, y la lista continúa. Una de las ventajas de aprender C# es su sintaxis fácil de entender. C# también tiene una amplia comunidad activa que trabaja en diferentes proyectos. Si tienes alguna experiencia previa en programación con lenguajes como C++ o Java, aprender C# te resultará muy fácil. Y si eres nuevo en el mundo de la programación, C# es una de las mejores opciones para aprender como primer lenguaje ya que está construido para ser fácil de entender, a diferencia de C o C++.

Las siguientes son características/características notables de C#:

1. **Lenguaje sencillo:** C# es un lenguaje sencillo en el sentido de que admite un enfoque estructurado (mediante la segmentación del problema), un amplio conjunto de funciones de biblioteca y tipos de datos, entre otras características. Además, algunos de los conceptos más desconcertantes de C++ se omiten o se simplifican en C#. Por ejemplo, C# carece de punteros complejos que sí se encuentran en C++. En C++, los operadores -->, y los operadores de referencias se utilizan para denotar espacios de nombres, acceso a miembros y referencias, respectivamente. En cambio, en C#, un solo operador de punto o punto (.) realiza todas estas funciones.

2. **Moderno:** C# ha desarrollado una reputación como lenguaje para crear aplicaciones **NGWS** (*next-generation windows services*). La gestión de la memoria está automatizada en C# y ya no es responsabilidad del programador. El recolector de basura de C# está diseñado para esta gestión automatizada de la memoria. Además, C# permite la gestión de

excepciones entre lenguajes. Para los cálculos monetarios, C# introduce una nueva forma de datos llamada decimal. Otra característica de C# es su capacidad para realizar cálculos económicos. Otro aspecto contemporáneo de C# es su sólido soporte de modelos.

3. **Basado en objetos:** El lenguaje de programación C# es un lenguaje de programación orientado a objetos. La POO simplifica la creación y el mantenimiento, mientras que los lenguajes de programación orientados a procedimientos son difíciles de manejar a medida que los proyectos aumentan de escala. La POO también permite la reutilización del código y reduce la redundancia del mismo. Soporta muchas características vitales de la programación orientada a objetos, como la encapsulación de datos, la herencia y el polimorfismo.

4. **Seguro en cuanto a tipos:** El sistema de tipado estándar garantiza la protección de tipos, lo que aumenta la fiabilidad del código. C# implementa los siguientes mecanismos de seguridad de tipos:

- Una variable no inicializada no puede ser utilizada en C#.

- Garantiza que las operaciones aritméticas no se desborden.

- Verifica el rango del array y avisa cuando el acceso está fuera de los límites.

- Los objetos y arrays que se asignan dinámicamente se inicializan a nil.

- Es compatible con la recogida automática de basura.

5. **Manejo de excepciones:** El marco de trabajo Dot(.) NET unifica la forma de gestionar las excepciones en todos los lenguajes. Mediante un enfoque integrado y extensible, la gestión de excepciones permite detectar y recuperar errores. Las capacidades de gestión de excepciones del lenguaje de programación C# proporcionan un mecanismo para hacer frente a cualquier condición inusual o anormal que pueda ocurrir mientras se ejecuta el programa.

Hay más características de este lenguaje de programación, pero por ahora echaremos un vistazo a las reglas básicas de C#.

Reglas básicas de C#:

Como cualquier otro lenguaje de programación, C# tiene algunas reglas de sintaxis que deben seguirse estrictamente para garantizar que el código tenga el formato adecuado y sea comprensible para el compilador de C#:

- **Sensibilidad a las mayúsculas y minúsculas** - C# es un lenguaje que distingue entre mayúsculas y minúsculas, lo que significa que las letras **"A"** en mayúsculas y **"a"** en minúsculas son dos elementos diferentes.

- C# no ofrece variables o funciones globales, por lo que todo se envuelve en clases.

- **Terminación** - Todas las sentencias en el lenguaje C# deben terminar con un carácter de punto y coma (**;**), al igual que todas las frases en el idioma inglés deben terminar con un carácter de punto (**.**).

- **Palabras clave** - El lenguaje C# incluye una serie de palabras clave que tienen un significado sintáctico específico y no pueden utilizarse para referirse a objetos definidos por el programador en el código.

- **Convenciones de nomenclatura** - En el código C#, el nombre de un identificador definido por el programador puede comenzar con un guión bajo (_) o una letra en mayúscula o minúscula. Además, el término puede contener un guión bajo, alfabetos o dígitos. Las convenciones de nomenclatura consistentes son realmente importantes como buen programador. Cuando se empieza, uno debería utilizar palabras sencillas para nombrar sus variables.

- **Comentarios en una sola línea** - Los comentarios breves en una sola línea deben comenzar con / dos caracteres de barra oblicua.

- **Comentarios en bloque** - Los comentarios que abarcan varias líneas deben comenzar con los caracteres **/*** barra diagonal y asterisco y terminar con los caracteres ***/** asterisco y barra diagonal inversos. Los comentarios en bloque o multilínea son realmente útiles para escribir un esquema o algoritmo del código.

Comentar tu código se considera una buena práctica ya que con frecuencia olvidarás lo que hace esta parte del código, y también ayuda a otros cuando leen tu código.

1.4: Elegir un IDE

IDE, acrónimo de Entorno de Desarrollo Integrado, es un tipo de software que incluye herramientas completas que ayudan a los programadores mientras codifican. Un entorno de desarrollo integrado (IDE) consta de un editor de texto, un depurador y herramientas para automatizar el proceso de construcción. Hay varios IDE entre los que elegir. La mayoría de las veces, es una cuestión de preferencia personal. A lo largo de este libro trabajaremos con Visual Studio Code de Microsoft (comúnmente conocido como VS code), un editor de código avanzado y rico en funciones. Es totalmente gratuito y de código abierto, y soporta una gran variedad de lenguajes de programación. Además, cuenta con un mercado desde el que se pueden descargar diferentes temas y extensiones. También incluye sugerencias para completar el código (IntelliSense), que ayuda a acelerar el proceso de codificación al eliminar la necesidad de escribir las mismas variables repetidamente.

1.4.1: Configuración de Visual Studio Code para su uso con C#.

En esta sección, configuraremos VS Code para C# siguiendo los pasos indicados a continuación:

1. El primer paso es descargar el framework. Como se ha dicho en la introducción, C# utiliza el framework .Net. Vaya al siguiente enlace para descargar _Net Core_. Haga clic en el botón de descarga, y la siguiente página será algo así:

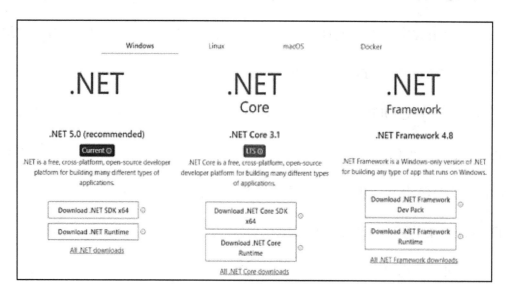

2. Luego, en su pantalla, elija el sistema operativo que desee. Y descarga la versión **LTS** (long-term support) o la recomendada. Después, sigue las instrucciones de instalación que veas en la pantalla. Cuando la instalación haya finalizado, pulsa el botón de cierre.

3. A continuación, tenemos que instalar Visual Studio Code desde el siguiente enlace: _Visual Studio Code_:

4. Pulse el botón de descarga y siga la pantalla de instalación.

5. Una vez completada la instalación, podemos abrir Visual Studio Code. La página de inicio de Visual Studio Code tendrá el siguiente aspecto:

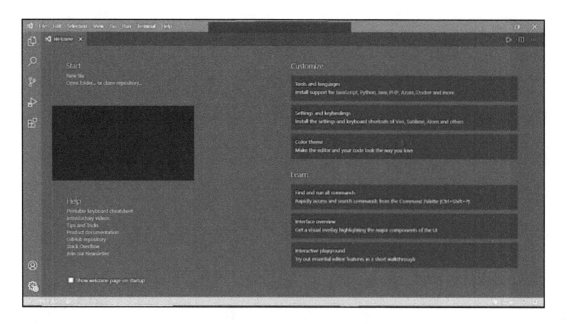

6. Ahora, VS Code en sí mismo es realmente ligero, y no tiene todas las herramientas necesarias para empezar a escribir en C# (C-Sharp). Esa es la razón por la que necesitamos instalar esto como una extensión.

7. Para instalar una extensión, haga clic en el último icono situado en el lado izquierdo:

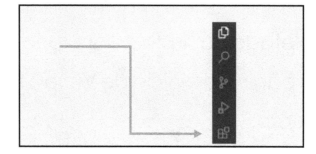

8. A continuación, busque "C" en la barra de búsqueda y haga clic en el botón de instalación. Una vez que la instalación se ha completado, entonces estamos listos para escribir código C#.

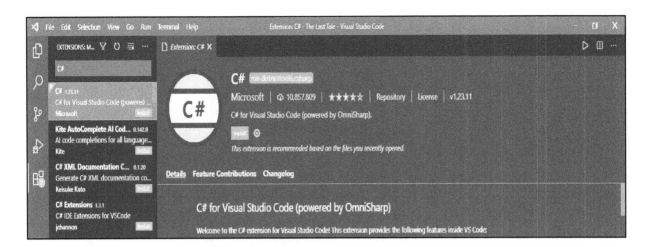

En esta sección de extensiones, hay prácticos complementos y temas de color disponibles. Algunos populares son VS Code Icons, Better Syntax, y muchos más. Ahora vamos a hacer un archivo .cs y abrirlo en Visual studio code:

1.4.2: Cómo crear un archivo C# con Visual Studio Code:

1. Primero, crea una Nueva Carpeta en tu escritorio, y puedes nombrarla como quieras, luego para abrir esta carpeta dentro de Visual Studio Code, presiona **Ctrl + B** o haz clic en el icono del archivo en la barra de la izquierda:

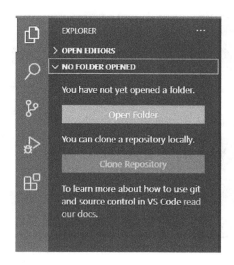

2. Después de abrir la carpeta en Visual Studio Code, haga clic en el botón de la terminal en la barra de menú superior, y desde allí, seleccione "Nueva Terminal" esto abrirá una terminal que debe ser algo como esto:

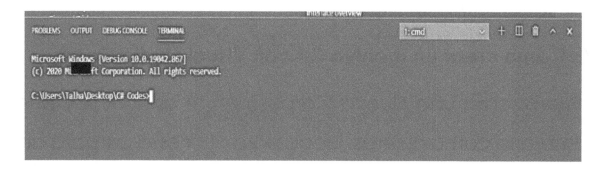

3. Un terminal es un programa de línea de comandos. Con estos comandos, podemos dar instrucciones al ordenador para que haga una determinada cosa como crear archivos. En esta terminal, tenemos que pasar el siguiente comando: ***dotnet new console:***

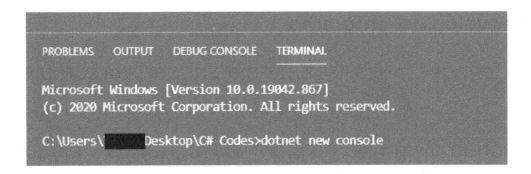

4. Cuando ejecutamos el comando mencionado anteriormente, se creará un nuevo archivo de proyecto, y el más importante es el archivo **Program.cs**, este es el que usaremos para escribir nuestro código.

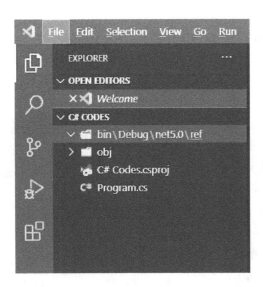

5. Ahora que nuestra configuración para Visual Studio Code está completa, puede cambiar cualquier ajuste, como cambiar el tamaño de la fuente seleccionando **Archivo > Preferencias o** utilizando la función de paleta de comandos de VS Code **pulsando CTRL (Control) + SHIFT + P en** su teclado y buscando el ajuste que desea cambiar.

1.4.3: Ejecución del programa.

Hay dos formas significativas de ejecutar el programa en Visual Studio Code. En esta sección, echaremos un vistazo momentáneo al archivo de plantilla **Program.cs** y ejecutaremos el código:

Ejecutar el código en el terminal incorporado:

1. Abra Nuevo Terminal haciendo clic en **Terminal** > Nuevo **Terminal en** el menú superior.

2. A continuación, escriba el siguiente comando **.Net** en el terminal para ejecutar el código de ejemplo: **dotnet run.**

Este código nos muestra la salida "Hola mundo", discutiremos todos los elementos de este archivo de plantilla en el próximo capítulo.

Ejecutar el código en un terminal externo:

1. Presiona **CTRL (Control) + SHIFT + P** para abrir la paleta de comandos, y luego busca **Generar**, allí obtendrás el siguiente resultado:

2. Haz clic en el botón **Generar activos para construir y depurar.** Esto generará dos nuevos archivos en el directorio de nuestro proyecto; **lanzamiento** y **tareas,**

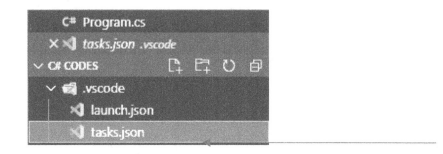

Ambos archivos son archivos de configuración para Visual Studio Code. Estos archivos le dicen a VS code cómo ejecutar nuestro código?

3. Para cambiar a una Consola Externa o Terminal para mostrarnos la salida, vaya al archivo de lanzamiento y busque

una propiedad de consola. Por defecto, debería estar configurada como **internalConsole.** Simplemente vamos a cambiar esta propiedad a una Terminal **externa** (distingue entre mayúsculas y minúsculas)

```json
.vscode > ×) launch.json > Launch Targets > {} .NET Core Launch (console)
  1   {
  2       "version": "0.2.0",
  3       "configurations": [
  4           {
  5               // Use IntelliSense to find out which attributes exist for C# de
  6               // Use hover for the description of the existing attributes
  7               // For further information visit https://github.com/OmniSharp/or
  8               "name": ".NET Core Launch (console)",
  9               "type": "coreclr",
 10               "request": "launch",
 11               "preLaunchTask": "build",
 12               // If you have changed target frameworks, make sure to update tl
 13               "program": "${workspaceFolder}/bin/Debug/net5.0/C# Codes.dll",
 14               "args": [],
 15               "cwd": "${workspaceFolder}",
 16               // For more information about the 'console' field, see https://a
 17               "console": "externalTerminal",
 18               "stopAtEntry": false
 19           },
 20           {
 21               "name": ".NET Core Attach",
 22               "type": "coreclr",
 23               "request": "attach",
 24               "processId": "${command:pickProcess}"
 25           }
 26       ]
 27   }
```

4. Ahora guarda este archivo presionando la tecla de acceso directo **CTRL + S** y vuelve a **Program.cs**, luego, presiona **F5** en tu teclado para ejecutar tu código. Esto ejecutará su código en una terminal/consola externa. Esto puede no funcionar como se pretende, así que asegúrese de añadir *Console.ReadKey()* después de la línea Hola Mundo en Program.**cs**:

```
Console.WriteLine("Hello World!");
Console.ReadKey();
```

Esto mantendrá el programa en funcionamiento hasta que el usuario pulse cualquier botón de su teclado.

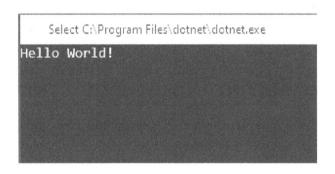

1.5: Resumen

- Un lenguaje de programación es un lenguaje generado por ordenador que éste puede entender, y hay dos tipos de lenguajes de programación: De bajo nivel y de alto nivel.

- C# es un lenguaje de programación de propósito general y orientado a objetos que utiliza la funcionalidad probada de la biblioteca de clases de Microsoft .NET.

- Con C# se pueden realizar diversos tipos de software para todo tipo de sistemas operativos.

- Como todo lenguaje de alto nivel, C# también tiene un conjunto de reglas que deben seguirse estrictamente.

Capítulo 2: Cómo funciona C#

2.1: Aspectos de un archivo C#: Programa Hola Mundo

En esta sección 2.1, vamos a aprender sobre los requisitos de un archivo C#. Por favor, eche un vistazo al código de abajo. Es el mismo código de la sección anterior, que se generó automáticamente como punto de partida para que trabajemos. Podemos tomarlo como referencia en las próximas partes.

```
Usando el sistema;

namespace CS_Codes

{

    Programa de clases

    {

        static void Main(string[] args)

        {

        // La siguiente línea debe imprimir ¡Hola Mundo!

            Console.WriteLine("¡Hola Mundo!");

            Console.ReadKey();

        }
```

```
    }
}
```

Cuando el código se compila y se ejecuta, genera la siguiente salida:

```
Hola, mundo.
```

Podemos dividir este código en estas partes:

1. Declaración del espacio de nombres:

2. Clase A

3. Método de clase

4. Método principal:

5. Declaraciones y expresiones

6. Comentarios sobre la legibilidad

Veamos las distintas partes del programa dado -

- La primera línea del programa usa **System**; - la palabra clave *using* especifica que el espacio de nombres **System** está incluido en el programa. Por lo general, un programa contiene varias expresiones de **uso**.

- La siguiente línea declara el espacio de nombres. El término "espacio de **nombres" se** refiere a una lista de clases. El espacio de nombres **CS_Code** incluye la clase **Program**.

- La siguiente línea declara una *clase* llamada **Programa**, que contiene los datos y las descripciones de los métodos que utiliza su código. Generalmente, las clases incluyen múltiples métodos. Los métodos de una clase describen sus acciones. La clase **Program**, por otro lado, contiene un único método llamado **Main**.

- La palabra clave **void** en la declaración del método Main indica al programador y al compilador qué debe devolver este método. Por ejemplo, podría ser un número, por lo que escribiríamos int en lugar de void.

- Ahora explicando el método **Main**, que es donde todo programa C# comienza o se ejecuta. El método **Main** define lo que la clase hace cuando se ejecuta, y el método Main es a menudo referido como el **método Driver** porque ejecuta el código dentro de la clase. La palabra clave static antes de Main indica que este método debe ser accesible sin instanciar la clase; sin embargo, discutiremos esto en mayor detalle en nuestro capítulo sobre las clases.

- El compilador ignora la siguiente línea **//** (barras inclinadas), que añade comentarios al programa. Alternativamente, también podemos usar /* ... */ para comentarios de varias líneas como este:

```
/*
Esto es

una multilínea

comentario

*/
```

- El método o función Main define el comportamiento del proceso Main. WriteLine "Hola, Mundo")

- *WriteLine* es un método de la clase Console del espacio de nombres System. Esta sentencia hace que la pantalla muestre el mensaje *"Hola Mundo"*

- La última línea Console.ReadKey(); es para los usuarios de VS.NET. Esta declaración obliga al programa a esperar la pulsación de una tecla, y evita que la pantalla se ejecute y se cierre rápidamente cuando el programa se lanza desde Visual Studio .NET.

2.2: El mundo de las variables y los tipos de datos

Ahora que has entendido los fundamentos de C# y cómo funciona. En esta parte del capítulo 2, obtendrás una interpretación de las variables y cómo nombrarlas, declararlas e inicializarlas. Además, conocerás las operaciones básicas que se pueden realizar con ellas. En primer lugar, debemos entender qué es realmente una variable.

Variables:

En un programa C#, una variable es similar a un contenedor en el que se puede almacenar un valor de datos en la memoria del ordenador. El nombre de una variable puede utilizarse para referirse al valor almacenado. Una declaración de variable tiene esta sintaxis:

Por ejemplo, supongamos que nuestro software requiere que se almacene el salario del usuario. Para ello, podemos llamar a los datos **userSalary** y declarar la variable **userSalary** de la siguiente manera:

```
int salariodelusuario;        // almacena el salario del usuario.
```

La declaración especifica primero el tipo de datos de la variable, seguido de su nombre, por lo que la sintaxis para declarar una variable en C# es:

tipo de datos nombre-variable;

El tipo de datos de una variable muestra el tipo de datos que almacenará (por ejemplo, si es un número o una cadena de texto). El tipo de datos en nuestro ejemplo es int, que es una forma abreviada de enteros. Nuestra variable se llama **userSalary**.

Nombrar una variable:

En C#, el nombre de una variable sólo puede incluir letras, números o guiones bajos (_). El primer carácter, sin embargo, no puede ser un número. Como resultado, tus variables pueden llamarse ***userName, user_name***, o ***userName2***, pero no ***2userName***. Además, estas palabras clave reservadas no pueden usarse como nombres de variables porque ya tienen definiciones predefinidas en C#. Estas palabras reservadas incluyen **if**, **switch** y **while**. Cada una de ellas se explicará en los próximos capítulos. Por último, los nombres de las variables en C#, como en la mayoría de los lenguajes de programación, también distinguen entre mayúsculas y minúsculas. ***username*** no es igual a ***userName***.

Al nombrar una variable en C#, hay dos convenciones. Podemos usar camel **case** o **guiones bajos**. Las mayúsculas y minúsculas son un estilo de escribir palabras compuestas en las que la primera letra de cada palabra se escribe en mayúsculas, excepto la primera letra de la primera palabra (por ejemplo, ***thisIsAVariableName***). Esta es la convención que se seguirá en el resto de este libro. También se suelen utilizar **guiones bajos (_)** para diferenciar los términos. También puede nombrar sus variables de la siguiente manera: *esto_es_un_nombre_de_variable.*

Tipos de datos:

En programación, un tipo de datos o tipo de variable es un término que define el tipo de valor que tiene una variable y el tipo de operaciones que se pueden realizar sobre ella sin producir una excepción. Por ejemplo, un int es un tipo de datos utilizado para representar un número entero, mientras que una cadena se utiliza para describir el texto. Podemos dividir los tipos de datos en tres tipos principales:

1. Numérico

2. Texto

3. Binario

1. **Numérico**

Los tipos de datos numéricos incluyen el *entero, el largo,* el *byte,* el *flotante, el doble* y el *decimal.*

***int y long:* "in"** significa un número entero que es un número sin partes decimales o fraccionarias y contiene números desde **-2.147.483.648 hasta 2.147.483.647**. Algunos ejemplos son 69, 354,

-4, etc. También podemos utilizar la palabra clave long para declarar un número entero. La diferencia entre un long y un int es su tamaño y rango. Una variable **long** puede almacenar números enteros desde **-9.223.372.036.854.775.808** *hasta* **9.223.372.036.854.775.807**. Una variable int es de 4 bytes, y 8 bytes es el tamaño de una variable declarada con tipo long, lo que significa que un C# int es de 32 bits y long es de 64 bits.

El siguiente ***ejemplo de código*** declara dos variables de tipo integer y long respectivamente y luego simplemente imprime el valor asignado de esas variables en la pantalla.

```
utilizando System;

namespace MiAplicación

{

    Programa de clases

    {


        static void Main(string[] args)

        {

                int miInt = 5;

            long myLong = 50000000L; // Un long debe terminar
con una L


            Console.WriteLine(miInt);

            Console.WriteLine(myLong);

            Console.ReadKey();

        }

    }

}
```

La salida:

```
5
50000000
```

byte:

El tipo de datos "byte" también se refiere a los números integrales, pero con un rango de valores más pequeño entre **0 y 255**. Normalmente, utilizamos int en lugar de byte para los números integrales. Sin embargo, si está programando para un ordenador con espacio de almacenamiento limitado, puede utilizar byte a menos que esté seguro de que el valor de la variable no superará el rango de 0 a 255. Si declaras una variable byte con un número mayor que 255, el código no se ejecutará y mostrará una declaración de error. Por ejemplo, si necesitas almacenar la edad de un usuario, debes utilizar la forma de datos byte porque es muy improbable que la edad del usuario supere los 255 años.

```
utilizando System;


namespace MiAplicación

{

    Programa de clases
```

```
{
    static void Main(string[] args)
    {

            byte userAge = 20; // el rango del tipo de
datos byte es de 0 a 255

        Console.WriteLine(userAge);

        Console.ReadKey();

    }

}

}
```

La salida:

```
20
```

float, double y decimal:

El término **float** se refiere a los números de punto flotante, que son números decimales. como 15,64, 2,8 y -4,52. *float* puede almacenar valores entre -3,4 x 10 38 y +3,4 x 10 38. Necesita 8 bytes de almacenamiento y tiene una precisión estimada de 7 dígitos. Esto significa que si se utiliza *float* para almacenar una cantidad con diez dígitos, como 1,23456789, el valor se redondeará a 1,234568. (7 dígitos). Es importante tener en cuenta que un valor float debe terminar con una "F", de lo contrario el compilador nos dará una excepción:

```
float miNum = 5.7F;

Console.WriteLine(myNum);
```

Aunque *el doble* también es un número de punto flotante, tiene un rango de valores mucho más amplio. Tiene una precisión de 15 a 16 dígitos y puede almacenar números entre el rango **(+/-)5,0 x 10 -324 y (+/-)1,7 x 10 308.** Cabe destacar que puede terminar el valor con una "D" (aunque no es necesario):

```
double miNum = 19.99D;

Console.WriteLine(myNum);
```

En C#, la forma de datos de punto flotante **por defecto** es double. En otras palabras, si escribe un número como 5,84, C# lo tratará automáticamente como un doble.

Decimal es un tipo de datos que almacena números decimales pero tiene un rango más estrecho que float o double. Sin embargo, tiene un rango de precisión significativamente mayor, que es de unos **28-29** dígitos. Cuando almacene números no integrales en su programa, debe utilizar el tipo de datos decimal. Considere el caso de escribir una aplicación financiera o bancaria, donde la precisión es esencial. Una variable de punto flotante también se puede utilizar como un número científico con una **"e"**, que muestra la potencia de 10.

2. **Texto**

El tipo de datos de texto incluye *caracteres, cadenas.*

char:

El tipo de datos char (carácter) representa un solo carácter o un símbolo Unicode. El carácter debe ir entre comillas simples. Por ejemplo, **'A'**, **'@'**, y **'o'**, etc. En C#, el tamaño de un solo carácter es de **dos** bytes.

de la cadena:

Siguiendo con los caracteres, examinemos el tipo de datos cadena. Una secuencia de caracteres se almacena en forma de datos de cadena (texto). Los valores de las cadenas deben ir entre comillas dobles (""). El texto *"Hola Mundo"* es un ejemplo de cadena, ya que las cadenas son grupos o secuencias de caracteres, su tamaño es de dos bytes por carácter. Para declarar e inicializar una variable de cadena, se escribe:

```
string message = "Hola Mundo";
```

donde mensaje es el nombre de la variable, y "Hola Mundo" es la cadena que se le asigna. Además, puede asignar una cadena vacía a una variable de la siguiente manera:

```
cadena mensaje = "";
```

Por último, podemos sumar dos o más cadenas utilizando el símbolo de concatenación **(+)**, y se deben asignar a una variable. Por ejemplo, podemos escribir

```
string myName = "Hola Mundo, "+ "mi nombre es Ale";
```

Lo que equivale a la cadena myName = "Hola Mundo, mi nombre es Ale";

Cadena: *Métodos y propiedades*

C# también tiene un montón de propiedades y métodos beneficiosos para tratar con cadenas. Para empezar, debemos entender que, para utilizar una propiedad o un método, debemos usar el operador punto **(.)**. Para utilizar una propiedad, escribimos el nombre de la misma tras el punto (**.**) Para invocar un método, escribimos su nombre tras el operador punto y seguido de un par de paréntesis **()**. Veamos algunas propiedades comunes de una cadena.

- **Longitud**

La propiedad Length de una cadena indica cuántos caracteres incluye la cadena en total. Si queremos determinar la longitud de la cadena **"Hola Mundo"** escribiremos: **"Hola Mundo". Length;** Obtendremos el valor **11** porque tanto "Hola" como "Mundo" contienen **cinco** caracteres. Cuando se utiliza el espacio entre los dos términos, la longitud total de la cadena es 11. La propiedad Length puede utilizarse para fines de validación.

- **Substring()**

Substring() es un método que se utiliza para extraer una subcadena de una cadena más larga. Este método necesita dos argumentos. Por ahora, sólo recuerda que un argumento es el dato que se pasa a un método dentro de las parátesis. Veremos los argumentos y los métodos definidos por el usuario en los próximos capítulos. En el método **Substring()**, el primer argumento indica al compilador que extraiga el índice del lugar de inicio, y el segundo requiere que el compilador extraiga la longitud.

Supongamos que creamos una variable de cadena llamada mensaje y la inicializamos con la cadena "Hola Mundo".

string message = "Hola Mundo";

Entonces, como se muestra a continuación, podemos utilizar la variable mensaje para invocar el método Substring().

string newMessage = message.Substring(3, 5);

Substring(3, 5) extrae una subcadena de cinco caracteres del mensaje, empezando por el índice 3 (*que es la cuarta letra, ya* que los índices siempre empiezan por 0). A continuación, la subcadena resultante se asigna a newMessage.

Así, newMessage es igual a **"lo"**. En el otro lado, el mensaje permanece sin cambios. También se le sigue asignando "Hola Mundo"

Código:

```
utilizando System;

namespace MiAplicación

{

    Programa de clases

    {

        static void Main(string[] args)

        {

            string message = "Hola Mundo";

                string newMessage =
message.Substring(3,4);

            Console.WriteLine(newMessage);

            Console.ReadKey();
```

```
        }

      }

    }
```

La salida:

- **Equals()**

El método Equals() puede utilizarse para determinar si dos cadenas son similares. Si tenemos dos cadenas, ***firstString = "This is Jami"*** y *secondString = "Hell"*, y cuando usamos

firstString.Equals "This is Jami") esto devolverá true, while:

firstString.Equals(secondString) devuelve false, ya que las dos cadenas (*firstString* y *secondString*) no son idénticas.

Por el momento, sólo vamos a cubrir las propiedades y métodos Length, Substring y Equal, pero hay muchas más propiedades y métodos predefinidos en C#.

3. Binario o condicional

El tipo de datos binario incluye **Bool,** que es la abreviatura de Booleano y sólo tiene dos valores posibles: **verdadero** y **falso**. El tamaño de un Bool es de sólo 1 byte. Es un término que se utiliza a menudo en las sentencias de flujo de control.

Tabla de tipos de datos:

Tipo de datos	Tamaño	Descripción
int	4 bytes	Almacena enteros entre -2.147.483.648 y 2.147.483.647.
largo	8 bytes	También almacena enteros desde -9.223.372.036.854.775.808 hasta 9.223.372.036.854.775.807
float	4 bytes	Almacena los números fraccionarios (en formato decimal). Adecuado para almacenar de 6 a 7 dígitos decimales
doble	8 bytes	Almacena números fraccionarios. Suficiente para almacenar 15 dígitos decimales
bool	1 bit	Guarda las condiciones de verdadero o falso

char	2 bytes	Almacena un solo carácter/letra, rodeado de comillas simples
cadena	2 bytes por carácter	Almacena una secuencia o combinación de caracteres, rodeada de comillas dobles

Código que muestra todos los tipos de datos principales:

```
utilizando System;

namespace MiAplicación

{

    Programa de clases

    {

        static void Main(string[] args)

        {

            // Asignar valores:

                int miInt = 5F;
```

```csharp
            float myFloat = 6.5D;

            double myDouble = 4.16;

        string message = "Hola Mundo";

            bool isBool = false;


        // Imprimir valores:

        Console.WriteLine(miInt);

        Console.WriteLine(myFloat);

        Console.WriteLine(miDoble);

        Console.WriteLine(mensaje);

        Console.WriteLine(isBool);


        Console.ReadKey();

    }

  }

}
```

La salida:

```
5
6.5
4.16
Hello World
False
```

2.3: El símbolo de asignación

El símbolo o signo = tiene un significado diferente en programación que en matemáticas. El signo = se denomina signo de **asignación** en programación. A diferencia de las matemáticas, se denomina **signo de igualdad**. Esto indica que el valor a la derecha del signo = se asigna a la variable de la izquierda. Por ejemplo, *edad = 5*. Las afirmaciones x = y e y = x tienen definiciones muy diferentes en programación. Esto no es lo que aprendimos en matemáticas; más bien, aprendimos que x e y probablemente sean cantidades diferentes. Supongamos que tenemos dos variables, x e y,

con **x = 6** e **y = 12**.

Si escribimos **x = y;**

Esto es aplicable en programación. Esta declaración indica que el valor de y se está asignando a x. Es apropiado asignar el valor de una variable a otra. En nuestro ejemplo, hemos cambiado el valor de **x** a **12** mientras dejamos el valor de y sin cambios. En otras palabras, **x** e **y** son ahora **iguales** a **12**. Supongamos ahora que restauramos los valores de x e y a sus valores originales:

 x = 6 e y = 12;

Si ahora escribes **y = x;**

Esto indica que está asignando el valor de **x** a **y**, x = y e y = x, ambos son equivalentes matemáticamente. Este no es el caso de la programación. En este caso, y se fija en 12 mientras que x permanece inalterada. En otras palabras, x es igual a seis, e y es igual a seis. En la sección siguiente, también veremos combinaciones de signos de asignación con otros operadores en C#.

2.4: Operadores en C#

Los operadores son los componentes básicos de todo lenguaje de programación. Por lo tanto, sin el uso de operadores, la funcionalidad del lenguaje C# está incompleta. Los operadores nos permiten realizar varios tipos de operaciones sobre las variables. En C#, los operadores se clasifican según su funcionalidad:

• Operadores aritméticos

• Operadores relacionales

• Operadores lógicos

- Operadores Bitwise

- Operadores de asignación (continuación)

- Operador condicional

También podemos clasificar los Operadores en C# en función del número de operandos o variables:

- **Operador unario:** Un operador que opera con un solo operando.

- **Operador binario:** Un operador que opera sobre dos operandos.

- **Operador ternario:** Un operador que opera con tres operandos.

Después de conocer todos los operadores mencionados anteriormente, los utilizaremos uno por uno en un código C#.

Operadores aritméticos

Se utilizan para realizar operaciones aritméticas y matemáticas sobre las variables. Estos son los Operadores Binarios que entran en esta categoría:

- **Suma:** El operador "+" une dos variables. Por ejemplo, x + y.

- **Restar:** El operador "-" se utiliza para restar dos variables. Por ejemplo, a - b.

- **Multiplicación:** El " * " se llama operador de multiplicación, se utiliza para encontrar el producto de dos variables. Por ejemplo, x * y.

- **División:** El operador "/" divide las primeras variables entre las segundas. Como ejemplo, considere a / b.

- **Módulo:** Cuando el primer operando o variable se divide por el segundo, el operador "%" devuelve el resto. Por ejemplo, x % y.

Los operadores unarios que se incluyen en los operadores aritméticos son los siguientes:

1. El operador **++** se utiliza para incrementar el valor de un entero. Cuando se coloca antes del nombre de la variable (también conocido como operador de **preincremento**), el valor de la variable se incrementa inmediatamente. Por ejemplo, **++x.**

2. Y cuando se pone después del nombre de la variable (también conocido como operador de **post-incremento**), su valor se almacena temporalmente antes de que se ejecute esta sentencia y luego se modifica antes de que se realice la siguiente información. Por ejemplo, **x++.**

3. El operador **'-'** se utiliza para decrementar el valor de un entero. Cuando precede al nombre de la variable (también conocido como operador de **pre-decremento**), el valor de la variable se decrementa inmediatamente. Por ejemplo, **--x**.

4. Y cuando se pone después del nombre de la variable (también conocido como operador de **post-decremento**), su valor se almacena temporalmente antes de que se ejecute y luego se modifica antes de que se ejecute la siguiente sentencia. Por ejemplo, **x--**. **Por** defecto, **++** y -- incrementan y decrementan el valor en **1**.

Ejemplo de código (aritmético y unario):

```
utilizando System;

namespace ArithmeticAndUnary

{

    clase miPrograma

    {



        // Función principal

        static void Main(string[] args)

        {
```

```csharp
int resultado;
int x = 10, y = 5;

Console.WriteLine("\NOperadores de la mitología: ");

// Adición
resultado = (x + y);
Console.WriteLine("Operador de adición: " + resultado);

// Resta
resultado = (x - y);
Console.WriteLine("Operador de sustracción: " + resultado);

// Multiplicación
resultado = (x * y);
```

```csharp
        Console.WriteLine("Operador de multiplicación: "+
resultado);


        // División

        resultado = (x / y);

        Console.WriteLine("Operador   de   división:   "   +
resultado);


        // Modulo

        resultado = (x % y);

        Console.WriteLine("Operador        Modulo:        "        +
resultado);


        /* UNARIO */

        Console.WriteLine("Operadores \N de la cadena:
");

        // Ejemplo de post-incremento:

        // el resultado se asigna sólo a 10,
```

```csharp
// x no está actualizado todavía

resultado = x++;


//x se convierte en 11 ahora

Console.WriteLine("X es {0} y el resultado es {1}", x, resultado);



// Ejemplo de post-decremento:

// el resultado se asigna sólo a 11, x no se actualiza todavía

resultado = x--;


//x se convierte en 10 ahora

Console.WriteLine("X es {0} y el resultado es {1}", x, resultado);


// ejemplo de preincremento:
```

```csharp
            // el resultado se asigna a 11 ahora ya que y

            // se actualiza aquí mismo

            resultado = ++y;


            // a y res tienen los mismos valores = 11

            Console.WriteLine("Y es {0} y el resultado es {1}", y,
resultado);


            // ejemplo de pre-decremento:

            // el resultado se asigna a 10 sólo desde

            // y se actualiza aquí mismo

            resultado = --y;


            // y y resultado tienen los mismos valores = 10

            Console.WriteLine("Y es {0} y el resultado es {1}",y,
resultado);

            Console.ReadKey();


    }
```

```
        }

}
```

La salida:

```
              ARITHMETIC Operators:
Addition Operator: 15
Subtraction Operator: 5
Multiplication Operator: 50
Division Operator: 2
Modulo Operator: 0


              UNARY Operators:
X is 11 and res is 10
X is 10 and res is 11
Y is 6 and res is 6
Y is 5 and res is 5
```

- **Operadores relacionales**

Dos valores se comparan utilizando operadores relacionales. Vamos a comprobarlos uno por uno:

1. El operador**'='** (Igual a) determina si dos variables son iguales. Si es así, devuelve true. En caso contrario, devuelve false. Por ejemplo, **7 == 7** devolverá **verdadero**.

2. El operador **'!'** (No igual a) determina si las dos variables son iguales. Si las variables no son iguales, devuelve **true**. En caso contrario, devuelve false. Es el complemento booleano (opuesto) al operador **'=='**. Por ejemplo, **7! = 7** devuelve **falso**.

3. El operador **">"** (Greater Than) verifica que la primera variable es mayor que la segunda. Si es así, devuelve **true**. En caso contrario, devuelve **falso**. Por ejemplo, **7 > 4** devuelve verdadero.

4. El operador **"<"** "(Menos que) verifica que el primer operando o variable es menor que la segunda variable. Si es así, devuelve **true**. En caso contrario, devuelve falso. Por ejemplo, **65 < 8** devuelve falso.

5. El operador **'>='** (Greater Than Equal To) determina si la primera variable es mayor o igual que la segunda. Si es así, devuelve **true**. En caso contrario, devuelve **false**. Por ejemplo, **5 >= 5 devuelve verdadero**.

6. El operador **'<='** (Less Than Equal To) determina si la primera variable es menor o igual que la segunda. Si es así, devuelve **true**. En caso contrario, devuelve **false**. Por ejemplo, **5 <= 5 devuelve también verdadero. Tanto '>=' como** '<=' **son** especialmente útiles en los bucles.

- **Operadores lógicos**

Estos operadores se utilizan para combinar dos o más condiciones/restricciones o complementar la evaluación de la condición inicial. Son los siguientes:

1. El operador **lógico AND '&&' devuelve** true cuando se cumplen todas las condiciones. En caso contrario, devuelve falso. Por ejemplo, cuando tanto a como b son verdaderos, a && b devuelve verdadero (es decir, distinto de cero).

2. El operador **lógico OR '||' devuelve** verdadero si se cumple una (o ambas) de las condiciones. En caso contrario, devuelve falso. Por ejemplo, a || b devuelve verdadero si uno de los argumentos a o b es válido (es decir, distinto de cero). Naturalmente, produce verdadero si y sólo si tanto a como b son verdaderos.

3. **Operador lógico NOT:** El operador **'! ' devuelve** verdadero cuando la condición en consideración no se cumple. En caso contrario, devuelve falso. Por ejemplo, ! **a** da verdadero si **a** es falso, es decir, cuando a = 0. Los operadores lógicos son los más utilizados en las sentencias condicionales.

Ejemplo de código (relacional y lógico):

```
utilizando System;
namespace RealtionalAndLogical
{
    clase miPrograma
    {
```

```csharp
// Función principal
static void Main(string[] args)
{


        int x = 10, y = 5;      // para operadores
racionales
    bool a = true, b = false, result; // para operadores
lógicos



    Console.WriteLine("Operadores reales: ");


     // Operador igual a
    resultado = (x == y);
    Console.WriteLine("Igual al operador: " +
resultado);


        // Operador mayor que
```

```csharp
        resultado = (x > y);

        Console.WriteLine("Operador mayor que: " +
resultado);


        // Operador menor que

        resultado = (x < y);

        Console.WriteLine("Operador menor que: " +
resultado);


        // Operador mayor que igual a

        resultado = (x >= y);

        Console.WriteLine("Mayor o igual que: "+
resultado);


        // Operador menor que igual a

        resultado = (x <= y);

        Console.WriteLine("Menor o igual que: "+
resultado);
```

```csharp
        // Operador no igual a

        resultado = (x != y);

        Console.WriteLine("No es igual al operador: " +
resultado);


    Console.WriteLine("Operadores lógicos: ");


    // Operador AND

    resultado = a && b;

    Console.WriteLine("Operador AND: " + resultado);


    // Operador OR

    resultado = a || b;

    Console.WriteLine("Operador OR: " + resultado);


    // Operador NOT

    resultado = !a;

    Console.WriteLine("Operador NOT: " + resultado);
```

```
        }

    }

}
```

La salida:

```
             Realtional Operators:
Equal to Operator: False
Greater than Operator: True
Less than Operator: False
Greater than or Equal to: True
Lesser than or Equal to: False
Not Equal to Operator: True

             Logical Operators:
AND Operator: False
OR Operator: True
NOT Operator: False
```

Operadores Bitwise

En C# hay seis operadores bit a bit que operan a nivel de bit o realizan operaciones bit a bit. Los operadores bit a bit son los siguientes:

1. **& (bitwise AND):** toma dos variables y realiza AND **en** cada bit de las dos variables. **AND** devuelve **1** sólo si ambas variables son **1**.

2. **| (bitwise OR):** toma dos variables u operandos y realiza **OR** en cada bit de las dos variables. **OR** devuelve **1** si uno de los dos bits es **uno** o ambos bits son uno.

3. **^ (bitwise XOR):** Toma dos operandos o variables y realiza el XOR en cada bit de las dos variables. Si los dos bits no son idénticos, el resultado de XOR es **1**.

4. **<< (desplazamiento a la izquierda):** Toma dos números. La izquierda cambia los bits del primer operando o variable y especifica el número de lugares a desplazar en la segunda variable.

5. **>> (Desplazamiento a la derecha):** Toma dos números, cambia a la derecha los bits de la primera variable, y el número de lugares a mover está determinado por la segunda variable.

Ejemplo de código (operadores Bitwise):

```
utilizando System;

namespace BitwiseOperators

{

    clase miPrograma

    {

        // Función principal

        static void Main(string[] args)

        {


            int x = 10, y = 5, resultado;


            Console.WriteLine("Operador BITWISE");


                // Operador AND a nivel de bits

                resultado = x & y;

                Console.WriteLine("Bitwise AND: " + resultado);
```

```csharp
// Operador OR a nivel de bits

resultado = x | y;

Console.WriteLine("Bitwise OR: " + resultado);


// Operador XOR a nivel de bits

resultado = x ^ y;

Console.WriteLine("Bitwise XOR: " + resultado);


// Operador AND a nivel de bits

resultado = ~x;

Console.WriteLine("Complemento Bitwise: " +
resultado);


// Operador Bitwise LEFT SHIFT

resultado = x << 2;

Console.WriteLine("Cambio de bit a la izquierda: " +
resultado);


// Operador Bitwise RIGHT SHIFT
```

```
        resultado = x >> 2;

        Console.WriteLine("Cambio de bit a la derecha: " +
resultado);

    }

  }

}
```

La salida:

```
              BITWISE Operator
Bitwise AND: 0
Bitwise OR: 15
Bitwise XOR: 15
Bitwise Complement: -11
Bitwise Left Shift: 40
Bitwise Right Shift: 2
```

- **Operadores de asignación**

En la sección 2.3 de este capítulo ya hemos tratado el signo de asignación principal **"="**. Ahora, vamos a aprender sobre varios tipos de operadores de asignación. Primero, revisemos el operador simple **"="**. Este operador se utiliza para asignar a las variables sus valores. El operando izquierdo o variable del operador de asignación es una variable, y el operando derecho es un valor. El peso de la derecha debe ser del mismo tipo de datos que el atributo de la izquierda. En caso contrario, el compilador lo rechazaría. A continuación se muestran diferentes operadores de asignación:

1. **"+=" (Añadir asignación):** Este operador es una combinación de los operadores **"+"** y **"="**. Este operador comienza con el valor de la izquierda y aplica el valor actual.

2. **"-=" (Asignación de sustracción):** Este operador es una mezcla de los operadores **"-"** y **"="**. Este operador resta el valor actual de la variable de la izquierda del valor de la derecha y luego asigna el resultado a la variable de la izquierda.

3. **"*=" (Asignación de multiplicación):** Este operador es una mezcla de **los** operadores '*' y '='. Este operador asigna el resultado a la variable de la izquierda tras multiplicar el valor existente de la variable de la izquierda por el valor de la derecha.

4. **"/=" (Asignación de división)**: Este operador es una mezcla de los operadores **"/"** y **"="**. Este operador divide el valor actual de la variable de la izquierda por el valor de la variable de la derecha y luego asigna el resultado a la variable de la izquierda.

5. **"%=" (Asignación de módulos):** Este operador es una mezcla de los operadores **"%"** y **"="**. Este operador modula el valor actual de la variable de la izquierda por el valor o variable de la derecha y luego asigna el resultado a la variable de la izquierda.

6. **"<<=" (Asignación por desplazamiento a la izquierda):** Este operador es una mezcla de los operadores **"<<"** y **'='**. Este operador desplaza a la izquierda el valor actual de la variable de la izquierda por el valor de la derecha y luego asigna el resultado a la variable de la izquierda.

7. **">>=" (Asignación por desplazamiento a la derecha):** Este operador es una variación de los operadores **">>"** y **"="**. Este operador desplaza a la derecha el valor actual de la variable más a la izquierda por el valor de la derecha y luego asigna el resultado a la variable de la izquierda.

8. **"&=" (Asignación AND Bitwise):** Este operador es una mezcla de los operadores **"&"** y "=". En primer lugar, este operador "Bitwise AND" el valor existente de la variable de la izquierda con el valor de la derecha antes de asignar el resultado a la variable de la izquierda.

9. **"|=" (Bitwise Inclusive OR): Este operador** es una combinación de los operadores **"|"** y **"="**. este operador "Bitwise Inclusive OR"

el valor actual de la variable de la izquierda al valor de la derecha y luego asigna el resultado a la variable de la izquierda.

10. **"∧=" (Bitwise Exclusive OR):** Este operador es una combinación de los operadores **"∧"** y **"="**. Este operador asigna el resultado a la variable de la izquierda tras realizar la operación "Bitwise Exclusive OR" sobre el valor actual de la variable de la izquierda por el valor de la derecha.

Ejemplo de código (operadores de asignación):

```
utilizando System;
namespace AssignmentOperators
{
    clase miPrograma
    {



        // Función principal
        static void Main(string[] args)
        {
            // inicializar la variable x
            // utilizando la Asignación Simple
```

```csharp
// Operador "="

int x = 15;

Console.WriteLine("Operadores de asignación: ");

// significa que x = x + 10

x += 10;

Console.WriteLine("Añadir          operador          de
asignación: " + x);

// volver a inicializar la variable x

x = 20;

// significa que x = x - 5

x -= 5;

Console.WriteLine("Operador de asignación de
restas: " + x);

// volver a inicializar la variable x
```

```csharp
x = 15;


// significa que x = x * 5

x *= 5;

Console.WriteLine("Operador de asignación de
multiplicación: " + x);


// volver a inicializar la variable x

x = 25;


// significa que x = x / 5

x /= 5;

Console.WriteLine("Operador de asignación de
división: " + x);


// volver a inicializar la variable x

x = 36;


// significa x = x % 5
```

```csharp
x %= 5;

Console.WriteLine("Operador de asignación de
módulos: " + x);


// volver a inicializar la variable x

x = 8;


// significa que x = x << 2

x <<= 2;

Console.WriteLine("Operador de asignación de
desplazamiento a la izquierda: " + x);


// volver a inicializar la variable x

x = 8;


// significa que x = x >> 2

x >>= 2;

Console.WriteLine("Operador de asignación de
desplazamiento a la derecha: " + x);
```

```csharp
// volver a inicializar la variable x

x = 12;


// significa que x = x >> 4

x &= 4;

Console.WriteLine("Operador de Asignación AND Bitwise: " + x);


// volver a inicializar la variable x

x = 12;


// significa que x = x >> 4

x ^= 4;

Console.WriteLine("Operador de asignación OR exclusivo a nivel de bit: " + x);


// volver a inicializar la variable x

x = 12;
```

```
        // significa que x = x >> 4

        x | = 4;

        Console.WriteLine("Operador  de  asignación  OR
inclusivo a nivel de bits: " + x);

    }

  }

}
```

La salida:

```
         ASSIGNMENT Operators:
Add Assignment Operator: 25
Subtract Assignment Operator: 15
Multiply Assignment Operator: 75
Division Assignment Operator: 5
Modulo Assignment Operator: 1
Left Shift Assignment Operator: 32
Right Shift Assignment Operator: 2
Bitwise AND Assignment Operator: 4
Bitwise Exclusive OR Assignment Operator: 8
Bitwise Inclusive OR Assignment Operator: 12
```

2.5: Resumen

En este capítulo, hemos aprendido cómo funciona C#, cuáles son los requisitos de un script en C#. Después de eso, cubrimos varios Tipos de Datos disponibles para nosotros en C#. Aprendimos sobre todos los operadores básicos que se pueden utilizar para realizar cálculos aritméticos, lógicos o relacionales.

Capítulo 3: Usos prácticos

En este capítulo, vamos a aumentar nuestra comprensión de C# echando un vistazo al trabajo con la entrada del usuario y las sentencias condicionales, y después de entender estos conceptos básicos, programaremos una calculadora básica, pero antes de hacerlo, vamos a ver algunas aplicaciones prácticas, que se pueden desarrollar utilizando C#. Se trata de un lenguaje de programación flexible que puede utilizarse en una gran variedad de situaciones. Ya discutimos los usos de C# muy brevemente, pero eso fue sólo un vistazo a lo que se puede hacer con C#.

- C#, como ya se ha dicho, es un lenguaje muy flexible que se puede utilizar para hacer programas sencillos de línea de comandos con fines de aprendizaje. Pero con muchos frameworks y APIs (interfaz de programación de aplicaciones), podemos hacer cualquier tipo de software o un juego.

- Los juegos se hacen utilizando una biblioteca de gráficos o un conjunto de herramientas de software llamado motor de juegos. Uno de los motores de juego más populares en el desarrollo de juegos, llamado **unity3d**, utiliza **C#** como lenguaje de programación. Unity proporciona su propia **API de** scripting con tipos de datos personalizados, funciones y un conjunto de herramientas para ayudar a los desarrolladores a crear juegos. Todas las clases en unity se derivan de una clase base llamada MonoBehaviour.

- ASP.**NET** es un marco de trabajo de código abierto para crear aplicaciones web del lado del servidor. ASP.NET también viene con funciones predefinidas.

- El marco de trabajo de .NET se utiliza para muchas cosas, como los juegos o la creación de aplicaciones. La mejor parte de .Net es su fácil integración en diferentes plataformas (soporte multiplataforma) .Net también tiene una gran comunidad que ayuda con respecto a los problemas y tiene muchos foros web para hacer cualquier tipo de pregunta con respecto a .Net. También proporciona una excelente escalabilidad para desarrollar aplicaciones pequeñas y grandes.

3.1: Impresión de resultados

Como se mencionó anteriormente, **Console.WriteLine()** se utiliza para imprimir (dar salida) a los valores. Ahora leeremos los datos introducidos por el usuario utilizando Console.**ReadLine()**. Echa un vistazo al ejemplo de código que se da a continuación:

```
utilizando System;
```

```
namespace InputAndOutput

{

    clase miPrograma

    {


        // Función principal

        static void Main(string[] args)

        {


            Console.WriteLine("Hola Mundo");

            Console.Write("Impresiones");

            Console.Write(" en la misma línea");

            Console.ReadKey();


        }

    }

}
```

La salida:

```
Hello World
Prints on the same Line
```

Como puede ver, tanto **Console.WriteLine()** como **Console.Write()** se utilizan para imprimir valores. La única diferencia es que el método Write**()** no salta líneas (espacios en blanco), y por otro lado el método WriteLine**()** después de imprimir una salida pasa a la siguiente línea. También podemos imprimir fácilmente los valores de las variables utilizando los dos métodos mencionados anteriormente, por ejemplo:

```
utilizando System;

namespace InputAndOutput

{

    clase miPrograma

    {



        // Función principal

        static void Main(string[] args)

        {



            int userAge = 25;
```

```csharp
        Console.WriteLine("Edad: " + userAge);

        Console.ReadKey();



    }

  }

}
```

La salida:

```
Age: 25
```

Así, podemos imprimir fácilmente los valores de las variables.
Ahora haremos que nuestro programa sea dinámico dando al
usuario la posibilidad de introducir su edad y guardar los datos
en la variable ***userAge***.

3.2: Entrada del usuario

La forma más fácil de obtener la entrada del usuario en C# es
utilizar el método **ReadLine()** de la clase Console. Sin embargo,
las funciones **Read()** y **ReadKey()** son alternativas para obtener
la entrada del usuario. Están contenidas en la clase Console.

```csharp
utilizando System;
```

```
espacio de nombres Input

{

    clase miPrograma

    {

    public static void Main(string[] args)

    {

            cadena miCadena;

        Console.Write("Introduzca una cadena: ");

        miCadena = Console.ReadLine();

        Console.WriteLine("Has introducido '{0}':", myString);

         Console.ReadKey();

    }

    }

}
```

La salida:

```
Enter a string: hello
You entered 'hello':
```

Cuando el programa anterior se ejecuta, pide al usuario que introduzca una cadena, y cuando el usuario introduce una cadena, ésta se guarda en el archivo **myString,** y después, simplemente se imprime en la pantalla.

Ahora bien, aquí puede haber notado que '{0}' en la ***Console.WriteLine()*** es otra forma de decir:

```
Console.WriteLine("Has introducido: " + myString);
```

{0} es un marcador de posición para miCadena ya que sólo hay una variable para imprimir, por lo que sólo hay un marcador de posición.

Diferencia entre los métodos ReadLine(), Read() y ReadKey():

- **ReadLine()** lee la siguiente entrada del flujo de entrada regular. Devuelve la misma cadena.

- El método **Read()** extrae el siguiente carácter de la entrada normal del flujo de entrada. Devuelve el valor ASCII del carácter.

- El método **ReadKey()** recupera la siguiente tecla pulsada por el usuario. Esto se utiliza normalmente para mantener la pantalla en su sitio antes de que el usuario pulse una tecla.

```
utilizando System;

espacio de nombres Input

{
```

```csharp
clase miPrograma

{

    public static void Main(string[] args)

    {

            int testInput;


        Console.WriteLine("Pulse         cualquier         tecla         para
continuar");

        Console.ReadKey();

        Console.WriteLine();


        Console.Write("Entrada usando Read(): ");

        testInput = Console.Read(); // devuelve int

        Console.WriteLine("\NValor Ascii = {0}", testInput);

    }

    }

}
```

La salida:

```
Press any key to continue
o
Input using Read(): a
                          Ascii Value = 97
```

Este ejemplo debería demostrar cómo funcionan los métodos **ReadKey()** y **Read()**. Cuando se utiliza ReadKey(), la tecla se muestra en la pantalla inmediatamente después de ser pulsada. Cuando se utiliza **Read()**, se lee toda la línea, pero sólo se devuelve el valor ASCII del primer carácter. Como resultado, se escribe 97 (el valor ASCII de a).

Introducción de valores numéricos

En **C#**, leer un carácter o una cadena es sencillo. Lo único que hay que hacer es llamar a los métodos correspondientes según lo especificado. Sin embargo, interpretar valores numéricos en C# puede ser un poco complicado. Seguiremos utilizando el método **ReadLine()** que utilizamos para obtener valores de cadena. Sin embargo, dado que el método **ReadLine()** acepta la entrada de una cadena, ésta debe ser convertida a un entero o a una forma de punto flotante. Una forma directa de convertir nuestra entrada es utilizar los métodos de la clase **Convert**, que también está clasificada como miembro del espacio de nombres System.

El método **ToInt32()** se utiliza para convertir una cadena en un número entero. Por ejemplo, considere la ***cadena userInput = Console.ReadLine();***

y supongamos que el usuario introduce **15** en userInput, userInput será igual a "**15**" (que es una cadena, no un entero, debido a las comillas dobles). Podemos entonces utilizar:

int newUserInput = Convert.ToInt32(userInput);

Para convertir la cadena al número entero 15 y asignarlo a una variable int utilizando el método ***int newUserInput = Convert.ToInt32(userInput);***. Sobre esta nueva variable int, ahora podemos ejecutar operaciones matemáticas estándar.

Además de convertir una cadena en un entero, también podemos utilizar los métodos ***ToDecimal(), ToSingle()*** y ***ToDouble()*** para convertir una cadena en un **decimal**, un **flotante** o un **doble**.

```
utilizando System;


namespace UserInput

{

    clase miPrograma
```

```csharp
{
    public static void Main(string[] args)
    {
        string userInput;
        int intVal;
    dobleVal;


        Console.Write("Introduzca el valor entero: ");

        userInput = Console.ReadLine();

        /* Convierte a tipo entero */

        intVal = Convert.ToInt32(userInput);

        Console.WriteLine("Has introducido {0}",intVal);


        Console.Write("Introduzca el valor doble: ");

        userInput = Console.ReadLine();

        /* Convierte a tipo doble */

        doubleVal = Convert.ToDouble(userInput);

        Console.WriteLine("Has introducido {0}",doubleVal);

    }
```

```
    }
  }
```

La salida:

```
Enter integer value: 351
You entered 351
Enter double value: 51.61
You entered 51.61
```

Ahora sabemos cómo trabajar con la entrada del usuario y convertirla a nuestro tipo de datos deseado utilizando los métodos de la clase Convert, que está contenida dentro del espacio de nombres del sistema. Ahora vamos a aprender sobre el control de flujo con las sentencias if, else if, else y switch.

3.3 Control de flujo: Sentencias condicionales

El control de flujo es la secuencia en la que se realizan o evalúan las llamadas a funciones, instrucciones y sentencias durante la ejecución de un programa. Numerosos lenguajes de programación proporcionan lo que se conoce como sentencias de flujo de control, que especifican qué sección de código se ejecuta en cualquier momento. Una sentencia if/else es un ejemplo de sentencia de flujo de control.

si, si... si no, si no.

La sentencia if es una sentencia de flujo de control común. Permite al programa determinar si se cumple una condición especificada y tomar la acción adecuada en función del resultado de la evaluación. La sintaxis de una sentencia if en C# es la siguiente.

```
1. si (//la primera condición es verdadera o falsa)
2. {
3. // hacer Tarea a
4. }
5. else if (//la primera condición es verdadera o falsa)
6. {
7. // hacer la tarea B
8. }
9. else if (//la segunda condición es verdadera o falsa)
10.    {
11.        // hacer la Tarea C
12.    }
13.    si no
14.    {
```

```
15.        // hacer la Tarea E o la opción por defecto
16.    }
```

La línea 1 evalúa el estado inicial. Si la condición se cumple, se ejecutará el siguiente par de llaves (líneas 2 a 4). El resto de la sentencia if (líneas 5 a 16) se omitirá.

Suponga que la primera condición no se cumple. Las sentencias else if que siguen pueden utilizarse para realizar pruebas adicionales (líneas 5 a 12). Se permiten otras observaciones else if. Finalmente, se puede ejecutar código utilizando la sentencia else (líneas 13 a 16). Si no se satisface ninguna de las pruebas anteriores, entonces se completa la última sentencia else, que también se utiliza para manejar entradas incorrectas. Ahora, utilicemos nuestra reciente comprensión de la primera sentencia condicional if/else en un programa práctico.

```
utilizando System;


namespace Condicionales

{

    clase miPrograma

    {
```

```csharp
public static void Main(string[] args)

{

    //introducir un número entero y comprobar si

        //es positivo, negativo o cero

    número int;


    Console.Write("Introduzca un número entero: ");

        number =
Convert.ToInt32(Console.ReadLine());


    //comprobación de las condiciones

    si (número > 0)

        Console.WriteLine("{0} es un número positivo",
número);

        else if (number < 0)

        Console.WriteLine("{0} es un número negativo",
número);

        si no
```

```
        Console.WriteLine("Se ha introducido {0}",
número);


        //hacer clic en ENTER para salir del programa
        Console.ReadLine();

    }

  }

}
```

En el programa anterior, pedimos que el usuario inserte un número entero, y primero, la cadena de entrada se convierte a tipo de datos int, y después de eso, comprobamos si la variable número es mayor que 0, lo que significa que el número entero introducido por el usuario es positivo si eso no es cierto, entonces el compilador se salta la primera sentencia if y ejecuta la sentencia else if para comprobar si el número introducido por el usuario es negativo si no es negativo entonces se ejecuta la sentencia else. Puede que haya observado que no hemos utilizado llaves para encerrar la sentencia. Esto se debe a que las llaves son opcionales cuando se ejecuta una sola sentencia.

La salida:

```
Enter an integer number: 48
48 is a positive number
```

o

```
Enter an integer number: -4
-4 is a negative number
```

o

```
Enter an integer number: 0
0 was entered
```

Declaración anidada if...else

Dentro de un bloque de sentencia if...else, puede existir otra sentencia if...else. Este concepto se conoce como **if...else anidado**. La sintaxis de una sentencia if...else anidada es la siguiente:

```
si (//condición de prueba)

{

    si (//expresión anidada-1)

    {

        // código a ejecutar

    }

    si no

    {
```

```
            // código a ejecutar

        }

    }

    si no

    {

        si (//expresión anidada-2)

        {

            // código a ejecutar

        }

        si no

        {

            // código a ejecutar

        }

    }
```

Generalmente, utilizamos sentencias if anidadas cuando necesitamos evaluar una condición seguida de otra. Si la sentencia if exterior devuelve verdadero, entra en el cuerpo de la sentencia if anidada para verificar la sentencia if interna.

Para una mejor comprensión, consulte el código que se indica a continuación:

```
utilizando System;

namespace Condicional

{

    clase Anidada

    {

        public static void Main(string[] args)

        {

            int primero, segundo, tercero;

            Console.Write("Introduzca el primer número: ");
                    first = Convert.ToInt32(Console.ReadLine());

            Console.Write("Introduzca el segundo número: ");
                second =
Convert.ToInt32(Console.ReadLine());

            Console.Write("Introduzca el tercer número: ");
```

```
        tercero =
Convert.ToInt32(Console.ReadLine());


    si (primero > segundo)

    {

        si (primero > tercero)

        {

            Console.WriteLine("{0} es el mayor número",
primero);

        }

        si no

        {

            Console.WriteLine("{0} es el mayor número",
tercero);

        }

    }

    si no

    {

        si (segundo > tercero)
```

```csharp
            {
                Console.WriteLine("{0} es el mayor número",
segundo);
            }
            si no
            {
                Console.WriteLine("{0} es el mayor número",
tercero);
            }
        }
        // obliga a que la pantalla permanezca encendida
hasta que se pulse una tecla
        Console.Readkey();
    }
}
```

La salida:

```
Enter first number: 461
Enter second number: 15
Enter third number: 649
649 is the largest number
```

En línea Si:

Una sentencia inline if es una versión más condensada de una sentencia if que resulta extremadamente útil cuando se desea asignar un valor a una variable en función del resultado de una situación. La sintaxis es la siguiente:

```
// circunstancia? valor si la circunstancia es verdadera : valor si la condición es falsa;
```

Por ejemplo, la sentencia **9 > 6? 10: 5**; devuelve el valor **10** porque tres es mayor que dos (es decir, la condición tres > dos es verdadera).

Después, este valor se puede asignar a una variable.

Si escribimos int **miNum = 9 > 6? 10: 5**, el valor de **miNúmero se** establecerá en **10**.

Declaración del interruptor

En C#, la sentencia switch puede utilizarse en lugar de la sentencia if...else if. La ventaja de la sentencia switch sobre la sentencia if...else if es que el código parece mucho más sencillo y legible. La sentencia switch tiene la siguiente sintaxis:

```
switch (variable/expresión)
{
```

```
    casoUno:

        // Las declaraciones se ejecutan si la expresión(o
variable) = caseOne

        romper;

    casoDos:

        // Las declaraciones se ejecutan si la expresión(o
variable) = casoDos

        romper;


    por defecto:

        // Las declaraciones se ejecutan si no coincide
ningún caso

        romper

    }
```

Cuando se utiliza una expresión de conmutación, se pueden tener tantos casos como se desee. El caso por defecto es uno opcional que se lleva a cabo cuando no se selecciona o ejecuta ninguno de los casos anteriores.

Sin embargo, una desventaja de la sentencia switch frente a if-else es que ejecuta todos los argumentos siguientes antes de que el bloque switch concluya cuando se detecta un valor coincidente. Para evitar esto, terminamos cada caso con una sentencia break. Al finalizar la ejecución de la sentencia switch, la sentencia break impide que el programa ejecute las sentencias que no coinciden. Un uso cotidiano de las sentencias switch es la creación de menús en los que el usuario puede seleccionar una opción **(cualquier caso de la sentencia switch).**

3.4: Calculadora usando Switch en C#:

```csharp
utilizando System;

namespace Condicionales
{
    clase miCalculadora
    {
    public static void Main(string[] args)
    {
        char ch;

            double primerNum, segundoNum, resultado;

        Console.Write("Introduzca el primer número: ");
```

```
firstNum = Convert.ToDouble(Console.ReadLine());

Console.Write("Introduzca el segundo número: ");
secondNum                                                    =
Convert.ToDouble(Console.ReadLine());

Console.Write("Introduzca el operador ( +, -, *, /, %):
");
ch = Convert.ToChar(Console.ReadLine());

switch(ch)
{
    caso '+':
        resultado = firstNum + secondNum;
        Console.WriteLine("{0}  +  {1}  =  {2}", firstNum,
secondNum, result);
        romper;

     caso '-':
```

```
        resultado = primerNum - segundoNum;

        Console.WriteLine("{0} - {1} = {2}", firstNum,
secondNum, result);

        romper;


    caso '*':

        resultado = firstNum * secondNum;

        Console.WriteLine("{0} * {1} = {2}", firstNum,
secondNum, result);

        romper;


    caso '/':

        resultado = primerNum / segundoNum;

        Console.WriteLine("{0} / {1} = {2}", firstNum,
secondNum, result);

        romper;


    caso "%":

        resultado = firstNum % secondNum;
```

```
            Console.WriteLine("{0}  %  {1}  =  {2}", firstNum,
secondNum, result);

        romper;


    por defecto:

        Console.WriteLine("¡Operador inválido!");

        romper;



        }

    }

    }

}
```

La salida:

```
Enter first number: 14
Enter second number: 2
Enter operator ( +, -, *, /, %): +
14 + 2 = 16
```

```
Enter first number: 14
Enter second number: 2
Enter operator ( +, -, *, /, %): -
14 - 2 = 12
```

```
Enter first number: 14
Enter second number: 2
Enter operator ( +, -, *, /, %): *
14 * 2 = 28
```

```
Enter first number: 14
Enter second number: 2
Enter operator ( +, -, *, /, %): /
14 / 2 = 7
```

3.5: Resumen

- Para imprimir los valores, utilizamos **Console.Write()** o **Console.WriteLine()**

- Para la entrada del usuario, usamos **Console.ReadLine()** o **Console.Read()**, pero estos toman la entrada en el tipo de datos String solamente, pero podemos convertir fácilmente esta entrada en nuestro tipo de datos deseado usando el método de la clase Convert, que es un miembro del espacio de nombres System.

- En este capítulo, también hemos aprendido sobre dos tipos de sentencias condicionales (**if.. else- si...** y **switch**)

Capítulo 4: Hacer un programa completo

En este capítulo, continuaremos trabajando con declaraciones de control de flujo aprendiendo sobre los bucles en la programación. Haremos nuestra calculadora más interactiva integrando bucles en el mismo código.

4.1: Control de flujo: Bucles

Los bucles son un principio fundamental y convincente en la programación. Un bucle es una instrucción que se repite hasta que se cumple una condición determinada en un programa informático. Una estructura de bucle es una estructura de pregunta-respuesta. Si la pregunta requiere una respuesta, la respuesta se lleva a cabo. En esta sección, aprenderemos sobre los bucles For, While/ Do-while, y foreach.

Mientras que el bucle:

Como su nombre indica, un bucle while ejecuta repetidamente las instrucciones dentro del bucle mientras una condición especificada sea verdadera. Una sentencia while está estructurada de la siguiente manera:

```
mientras (prueba)

{

    // cuerpo de un bucle while
```

```
}
```

Funcionamiento de un bucle while en C#:

1. Un bucle while en C# se compone de una expresión de prueba.

2. Si la expresión de prueba se evalúa como verdadera:

   - se ejecutan las sentencias del bucle while.

   - Tras la ejecución, la sentencia de prueba se vuelve a evaluar.

3. El bucle while termina si la declaración de prueba se evalúa como falsa.

La suma de los diez primeros números naturales se calcula con este programa.

```
utilizando System;

namespace Bucles
{
    clase WhileLoop
    {
        public static void Main(string[] args)
```

```csharp
    {
        int i = 1, suma = 0;


        while (i <= 10)
        {
            // Suma i + i, y guarda en la suma
            suma += i;
            // incrementa i hasta que se cumpla la condición
            i++;
        }
        // impresiones
        Console.WriteLine("La suma de los 10 primeros números
naturales es {0}", suma);
    }

}
```

La salida:

```
Sum of first 10 natural numbers 55
```

Al principio, el valor de la variable suma se establece en 0. Cada iteración actualiza el valor de suma a **suma + i** e incrementa el valor de **i** en **1**. Cuando i es igual a 11, la expresión de prueba **i <= 10** devuelve falso, y el bucle termina.

Bucle do-while:

Un bucle do-while se crea utilizando las palabras clave do y while. Aunque es similar a un bucle while, hay una diferencia significativa entre los dos. En un bucle while, el código sólo se ejecuta si se cumple la condición de prueba. En un bucle do-while, la condición de prueba se comprueba después de que se ejecute el código dentro del cuerpo do. Esto asegura que, independientemente de la situación, el bucle **do-while** se complete al menos una vez. La sintaxis es la siguiente:

```
hacer

{

    // cuerpo de un bucle do-while

}

while (expresión de prueba);
```

Funcionamiento de un bucle do-while en C#:

1. Al principio, se ejecuta el cuerpo del bucle do...while.

2. Entonces se produce la evaluación de la expresión de prueba.

3. El cuerpo del bucle se ejecuta si la expresión de prueba es verdadera.

4. Cuando la expresión de prueba se evalúa como falsa, el bucle do...while termina.

```
utilizando System;

namespace Bucles

{

    clase DoWhileLoop

    {

        public static void Main(string[] args)

        {

            int x = 6;

            hacer

            {

                // La línea se imprimirá incluso si la condición es falsa
                Console. WriteLine("¡El bucle Do While se ejecuta
siempre una vez!");
```

```
        x++;

    }

    mientras (x > 20);

}

}
```

para Loop:

El bucle **for** ejecuta repetidamente un bloque de código hasta que la condición de prueba deja de ser verdadera. Se llama bucle for porque se requiere la palabra clave **for** para crear un punto de inicio de bucle, la sintaxis de un bucle for es:

```
for (inicialización; condición; iterador)
{

    // cuerpo del bucle for

}
```

Funcionamiento de un bucle for en C#:

1. El bucle for de C# se compone de tres sentencias: inicialización, condición e iterador.

2. La inicialización se ejecuta sólo una vez. Normalmente, la variable se declara e inicializa aquí.

3. A continuación se evalúa la condición. La condición es una expresión booleana, lo que significa que se evalúa como verdadero o falso.

4. *Si la condición es verdadera o se cumple:*

- A continuación se ejecuta la sentencia del iterador, que suele modificar el valor de la variable inicializada.

- La condición se comprueba una vez más.

- El procedimiento se repite hasta que se determine que la condición es incorrecta.

- El bucle for termina si la condición se evalúa como incorrecta.

El código siguiente permite al usuario introducir un número, y luego imprime la tabla de multiplicación hasta **10** del número introducido por el usuario.

```
utilizando System;


namespace Bucles

{
```

```csharp
clase ForLoop
{
    public static void Main(string[] args)
    {
        int límite = 10, miNúmero, producto = 0;

        Consola. Write("Introduzca un número: ");
        myNum = Convert. ToInt32(Console. ReadLine());

        for (int i = 1; i <= límite; i++)
        {

            producto = miNum * i;
            Consola. WriteLine("{1} x {0} = {2}", i, myNum, product);

        }

    }

}
```

```
}
```

La salida:

```
Enter a number: 3
3 x 1 = 3
3 x 2 = 6
3 x 3 = 9
3 x 4 = 12
3 x 5 = 15
3 x 6 = 18
3 x 7 = 21
3 x 8 = 24
3 x 9 = 27
3 x 10 = 30
```

Bucle foreach:

C# proporciona una alternativa más fácil de usar y más legible al bucle for llamada bucle foreach cuando se trata de iterar a través de los elementos de arrays y colecciones. El bucle foreach, como su nombre indica, itera a través de cada elemento. Cubriremos los arrays en detalle en el próximo capítulo. Por ahora, recuerda que los arrays son colecciones de variables con el mismo tipo de datos. La sintaxis de un bucle foreach es

```
foreach (elemento en iterable-item)
{
    // cuerpo del bucle foreach
```

```
}
```

Ahora vamos a hacer más interactivo nuestro programa de calculadora que hicimos en la sección 3.4. Añadiremos el bucle Do while en nuestro código y preguntaremos al usuario si quiere hacer más cálculos.

4.2: Calculadora dinámica

```
utilizando System;

namespace Condicionales
{
    clase miCalculadora
    {
    public static void Main(string[] args)
    {
        char ch;
            double primerNum, segundoNum, resultado;
        cadena reinicio = " ";


        hacer
```

```csharp
    {
        Console.Write("Introduzca el primer número: ");
        firstNum = Convert.ToDouble(Console.ReadLine());


        Console.Write("Introduzca el segundo número: ");
        secondNum =
Convert.ToDouble(Console.ReadLine());


        Console.Write("Introduzca el operador ( +, -, *, /,
%): ");
        ch = Convert.ToChar(Console.ReadLine());


        switch(ch)
        {
            caso '+':
                resultado = firstNum + secondNum;
                Console.WriteLine("{0} + {1} = {2}", firstNum,
secondNum, result);
```

```
                        Console.Write("¿Quiere hacer más
cálculos?(Sí/No): ");

                                    reinicio = Console.ReadLine();

            romper;


        caso '-':

            resultado = primerNum - segundoNum;

            Console.WriteLine("{0} - {1} = {2}", firstNum,
secondNum, result);

            Console.Write("¿Quiere hacer más
cálculos?(Sí/No): ");

                                    reinicio = Console.ReadLine();

            romper;


        caso '*':

            resultado = firstNum * secondNum;

            Console.WriteLine("{0} * {1} = {2}", firstNum,
secondNum, result);

            Console.Write("¿Quiere hacer más
cálculos?(Sí/No): ");
```

```csharp
                            reinicio = Console.ReadLine();

                romper;


        caso '/':

            resultado = primerNum / segundoNum;

            Console.WriteLine("{0} / {1} = {2}", firstNum,
secondNum, result);

            Console.Write("¿Quiere hacer más
cálculos?(Sí/No): ");

                            reinicio = Console.ReadLine();

                romper;


        caso "%":

            resultado = firstNum % secondNum;

            Console.WriteLine("{0} % {1} = {2}", firstNum,
secondNum, result);

            Console.Write("¿Quiere hacer más
cálculos?(Sí/No): ");

                            reinicio = Console.ReadLine();
```

```
                    romper;


            por defecto:

            Console.Write("¡Operador inválido! ¿Quiere
volver a intentarlo?(Sí/No): ");

                        reinicio = Console.ReadLine();

            romper;


        }

      }

      while(restart == "Yes" || restart == "yes");


    }

  }
}
```

La salida:

Ahora no tendremos que parar y volver a ejecutar el programa para hacer más cálculos.

```
Enter first number: 6
Enter second number: 9
Enter operator ( +, -, *, /, %): -
6 - 9 = -3
Do you want to do more calculations?(Yes/No): yes
Enter first number: 5
Enter second number: 4
Enter operator ( +, -, *, /, %): ?
Invalid Operator! Do you want to try again?(Yes/No): yes
Enter first number: 5
Enter second number: 4
Enter operator ( +, -, *, /, %): +
5 + 4 = 9
Do you want to do more calculations?(Yes/No): no
```

4.3: Resumen

Después de completar el capítulo 4, hemos completado la sección de control de flujo, que incluye bucles. Después de eso, añadimos una nueva característica a nuestra calculadora de la sección 3.4 dando al usuario la opción de hacer más cálculos sin detener el programa.

Capítulo 5: Errores a evitar en la programación

En el último capítulo, hablaremos de los errores comunes de los principiantes en la programación y cómo evitarlos, y luego vamos a continuar nuestro progreso en C# trabajando con Arrays.

Antes de entrar en la práctica de escribir un código limpio y mejor, echemos un vistazo a algunos de sus atributos.

1. Un programa bien escrito debe ser legible. Si alguien más está leyendo tu código, puede experimentar la misma sensación que si estuviera leyendo una novela o poesía.

2. El código debe ser elegante y sencillo de leer. Debe ser agradable de leer y hacerte feliz.

3. Un código limpio debe ser sencillo y rápido de comprender

Cosas para practicar mientras se codifica:

1. **Utilice convenciones de nomenclatura significativas:** Seguramente ya te habrás dado cuenta de que, al codificar, vas a nombrar muchas variables. Haz un patrón de uso de palabras significativas en tu código. Sólo sigue un caso de nomenclatura. Por ejemplo, a lo largo de este libro, utilizamos la convención del caso camello para las variables.

2. Evite escribir comentarios innecesarios: los comentarios son beneficiosos para explicar qué parte del código hay que hacer. El código se desplaza durante la producción. Si el comentario se queda en el lugar exacto, puede causar un problema importante. Puede confundir a los desarrolladores, y pueden distraerse como resultado de los comentarios irrelevantes. No es que no debas usar comentarios en absoluto. A menudo son necesarios.

3. Sangría: En la programación de computadoras, la sangría se utiliza para dar formato a las declaraciones dentro de un programa para una mejor legibilidad. Esto puede ser útil para visualizar el seguimiento de las sentencias. La sangría es habitualmente sólo beneficiosa para los programadores. Los compiladores e intérpretes no suelen preocuparse por la cantidad de espacios en blanco entre las sentencias de programación.

5.1 Matrices

Un array es un conjunto de variables del mismo tipo de datos que comparten el mismo nombre. Y cada dato se conoce como un elemento del array. El tipo de datos de los elementos del array puede ser cualquiera de los tipos de datos que hemos aprendido, como **char**, **int** o **float**, y todos ellos se almacenan en una única ubicación contigua. La longitud del array determina el número de elementos del mismo.

En C#, la memoria se asigna dinámicamente para las matrices. Y como las matrices son objetos, es sencillo determinar su longitud mediante funciones predefinidas. Las variables del array están ordenadas, y el índice de cada array comienza en 0. En C#, los arrays se comportan de una manera única que en C++.

Cosas a recordar sobre los Arrays:

- Todas las matrices se asignan dinámicamente en C#.

- Como los arrays en C# son objetos, podemos determinar su tamaño utilizando la propiedad length del miembro. Esto contrasta con C++, donde el tamaño o la longitud se determina utilizando la función **sizeof**.

- Las variables de matriz en C# también pueden declararse de forma similar a otras variables colocando **[]** después del tipo de datos.

- Los elementos de la matriz están ordenados y cada uno tiene un índice que comienza en 0.

- Los valores por defecto para los elementos de tipo numérico y de referencia son cero y null, respectivamente.

- En C#, los arrays son objetos del tipo base, **System.Array** Set of.

- Los elementos de un array pueden ser de cualquier tipo de datos (pero todos deben ser del mismo tipo), incluyendo un tipo de array.

Declaración/sintaxis de la matriz:

La sintaxis general de un array es:

```
< Tipo de datos > [ ] < Matriz_de_nombres >
```

Ahora, por ejemplo, tenemos un **array** de tipo **int** llamado *usersAge:*

```
//índice:  0  1 2 3

int[] usuariosEdad = {19, 26, 58, 22};
```

Recuerda que la declaración de un array no le asigna memoria, por lo que debe tener algunos datos inicializados

5.2: Acceso a los elementos de la matriz: manualmente

Podemos asignar el valor durante la inicialización. Sin embargo, después de declarar e inicializar el array, podemos asignar su valor al azar utilizando su índice. Podemos acceder al valor de un array mediante la indexación; colocamos el índice del elemento entre corchetes junto al nombre del array. supongamos que queremos acceder al segundo elemento del array usersAge entonces podemos hacerlo:

```
//declara e inicializa un array de tipo int con un tamaño
de cuatro (0 a 3)

              int[] usersAge = new int[3]


        // asignar el valor 19 en el array en el índice 0

        usersAge[0] = 19;


        // asignar el valor 26 en el array en el índice 1

        usersAge[1] = 26;


        // asignar el valor 58 en el array en el índice 2

        usersAge[2] = 58;


        //devolución de valores:

        usersAge[2]; // devuelve 58
```

La palabra clave **new** se utiliza para asignar memoria. No es esencial usar la palabra clave new para declarar e inicializar simultáneamente. Sin embargo, la palabra clave new es esencial después de la declaración.

5.3: Acceso a los elementos de la matriz: uso de bucles.

En la sección anterior, aprendimos a asignar e imprimir esos valores escribiendo el índice de cada elemento en un array, lo cual está bien, pero esto es costoso en tiempo, y para ahorrar tiempo, usamos bucles que fueron cubiertos en detalle en el capítulo anterior.

El código siguiente imprime todos los elementos de un array utilizando diferentes tipos de bucles:

```
utilizando System;


espacio de nombres Arrays

{

    clase miPrograma

  {

    public static void Main(string[] args)

    {

        // declarando un array de enteros.

            int[] miMatriz;



        // asignando memoria para 5 enteros.
```

```csharp
miMatriz = nuevo int[5];


// inicializar los elementos del array

miMatriz[0] = 10;

miMatriz[1] = 20;

miMatriz[2] = 30;

miMatriz[3] = 40;

miMatriz[4] = 50;


// utilizando el bucle for

Console.Write("Bucle for :");

for (int j = 0; j < myArray.Length; j++)

{

    Console.Write(" + myArray[j]);

}

Console.WriteLine("");

Console.Write("Bucle For-each :");


// utilizando el bucle for-each
```

```
foreach(int i en miMatriz)

{

    Console.Write(" + i);

}


Console.WriteLine("");

Console.Write("bucle while :");


// utilizando el bucle while

int j = 0;

while (j < myArray.Length)

{

    Console.Write(" + myArray[j]);

    j++;

}


Console.WriteLine("");

Console.Write("Bucle do-while :");
```

```
        // utilizando el bucle do-while

        int k = 0;

        hacer

        {

            Console.Write(" + myArray[k]);

            k++;

        }

        while (k < myArray.Length);

    }

  }

}
```

La salida:

```
For loop : 10 20 30 40 50
For-each loop : 10 20 30 40 50
while loop : 10 20 30 40 50
Do-while loop : 10 20 30 40 50
```

Guardando la entrada del usuario en un array:

utilizando System;

espacio de nombres Arrays

```csharp
{
    clase miPrograma
    {
        public static void Main(string[] args)
        {
            // declara un Array de enteros.
                int[] miMatriz;


            // asignando memoria para 3 enteros.
            myArray = new int[3]; // la longitud total es 4


            // utilizando el bucle for
            for (int x = 0; x < myArray.Length; x++)
            {
                Console.Write("Introduzca el elemento # " + x + ": ");
                myArray[x] = Convert.ToInt32(Console.ReadLine());


            }

            Console.Write("\N-Un bucle de trabajo :");
```

```csharp
        for (int x = 0; x < myArray.Length; x++)

        {

            Console.Write(" + myArray[x]);

        }



    }

  }

}
```

También podemos realizar la misma tarea con otros bucles, pero se recomienda el bucle for o foreach cuando se trabaja con arrays en C#. En el ejemplo de código anterior, hemos utilizado dos bucles for, uno para introducir los datos y el otro para imprimir la salida es el siguiente:

La salida:

```
Enter element # 0: 5
Enter element # 1: 9
Enter element # 2: 4


For loop : 5 9 4
```

5.4: Tipos de matrices

En C#, hay tres tipos principales de arrays:

- Matrices 1-D (unidimensionales)

- Matrices multidimensionales

- Matrices irregulares

Matriz unidimensional:

Los arrays que hicimos en las secciones anteriores eran todos ejemplos de arrays unidimensionales o, en pocas palabras, arrays 1-D. Ahora ya sabemos cómo declarar un array 1-D, por ejemplo:

```
miMatriz = nuevo int[3];
```

miMatriz es una matriz 1-D con los índices 0 a 3. El nuevo teclado es responsable de crear la matriz e inicializar sus elementos a sus valores por defecto. En el ejemplo anterior, todos los elementos se inicializan a cero, ya que se utiliza la forma int. A continuación se muestra un ejemplo de un array 1-D

```
utilizando System;


espacio de nombres Arrays

{

    clase miPrograma

    {
```

```csharp
public static void Main(string[] args)

{

    // declarando un Array 1D de cadena.

    cadena[] misDías;


    // Asignación de memoria por días.

    myDays = new string[] {"Lunes", "Martes", "Miércoles",
"Jueves", "Viernes", "Sábado", "Domingo"};


    // Visualización de los elementos de la matriz

    foreach(string day in weekDays)

    {

        Console.Write(día + " ");

    }


}
}
```

La salida:

Matrices multidimensionales:

El array multidimensional incluye varias filas en las que se almacenan los valores. A menudo se denomina Array Rectangular en C# porque cada fila tiene la misma longitud. Puede ser un array bidimensional, un array tridimensional o un array multidimensional. Los bucles anidados son necesarios para almacenar y acceder a los valores del array. La declaración, la inicialización y el acceso a un array multidimensional son los siguientes:

```
// crea un array 2D de tres filas y cinco columnas:

        int[, ] intarray = new int[3, 5];


//crea un array de 3-d, 5, 2 y 8:

        int[ , , ] intarray1 = new int[5, 2, 8];
```

El "," en la declaración del array 2-D muestra que hay dos longitudes, una para la fila y otra para las columnas, y lo mismo ocurre con el array **3-D** sólo que hay un argumento extra y el símbolo ",", una forma más fácil de recordar esto podría ser que y el array **3-D** es como un objeto 3D que tres ejes (x, y, z) y el array 2D consiste en dos ejes (x, y).

```
utilizando System;

espacio de nombres Arrays

{

    clase miPrograma

    {

    public static void Main(string[] args)

    {


    // dos dimensiones:

        int[ , ] twoDArray = new int[3, 3];

    twoDArray[0,1] = 20;

    twoDArray[1,2] = 30;

    twoDArray[2,0] = 40;


    // tridimensional:
```

```csharp
        int [ , , ] threeDArray = new int[2, 2, 3] { { 1, 2, 3 }, { 4, 5, 6
} }, { { 7, 8, 9 }, { 10, 11, 12 } } };


    Console.WriteLine("\N- Arrray D:");

    for(int i = 0; i < 3; i++)

    {

        for(int j = 0; j < 3; j++)

        {

            Console.Write( twoDArray[i, j] + " " );

        }

        Console.WriteLine();

    }


    Console.WriteLine("\N- Arrastre v3-D:");

    Console.WriteLine("3DArray[0][0][0] : " +
threeDArray[0, 0, 0]);

    Console.WriteLine("3DArray[1][1][2] : " +
threeDArray[1, 1, 2]);
```

```
        Console.WriteLine("3DArray[0][1][1] : " +
threeDArray[0, 1, 1]);

        Console.WriteLine("3DArray[1][0][2] : " +
threeDArray[1, 0, 2]);

    }

  }

}
```

La salida:

```
            2-D Arrray:
0 20 0
0 0 30
40 0 0

            3-D Arrray:
3DArray[0][0][0] : 1
3DArray[1][1][2] : 12
3DArray[0][1][1] : 5
3DArray[1][0][2] : 9
```

Matrices irregulares

Un array dentado está formado por elementos que también son arrays; *el término "array de arrays" se refiere a un array de este tipo.* Los elementos del array dentado pueden tener dimensiones y tamaños diferentes. Los siguientes ejemplos muestran cómo declarar, inicializar y acceder a los elementos de las matrices irregulares.

```
utilizando System;

espacio de nombres Arrays

{

    clase miPrograma

  {

    public static void Main(string[] args)

    {


        // Declarar el array de dos elementos:

            int[][] firstArray = new int[2][];


        // Inicializar los elementos:

        firstArray[0] = new int[5] { 1, 3, 5, 7, 9 };

        firstArray[1] = new int[4] { 2, 4, 6, 8 };


        // Otra forma de declarar e inicializar elementos

        int[][] secondArray = { new int[] { 1, 3, 5, 7, 9 }, new int[]
{ 2, 4, 6, 8 } };
```

```csharp
// Mostrar los elementos del array:

for (int k = 0; i < firstArray.Length; k++)

{

    Console.Write("Elemento #" + i + " Array: ");

    for (int j = 0; j < firstArray[k].Length; j++)

    {

        Console.Write(firstArray[k][j] + " ");

    }

    Console.WriteLine();

}


Console.WriteLine("\NOtra matriz");


        // Mostrar los elementos del nuevo array:

for (int i = 0; i < secondArray.Length; i++)

{

    Console.Write("Elemento #" + i + " Array: ");

    for (int j = 0; j < secondArray[i].Length; j++)
```

```
        {
            Console.Write(secondArray[i][j] + " ");
        }

        Console.WriteLine();
        }
    }
}
```

La salida:

```
Element #0 Array: 1 3 5 7 9
Element #1 Array: 2 4 6 8

Another Array
Element #0 Array: 1 3 5 7 9
Element #1 Array: 2 4 6 8
```

5.5: Resumen

En el último capítulo de este libro, aprendimos el concepto básico de los arrays, el acceso a los elementos y la impresión de los mismos, el almacenamiento de la entrada del usuario en un array, tres tipos de arrays: *Arrays 1-D, multidimensionales* y *dentados*.

Conclusión:

En primer lugar, felicidades por haber completado este libro. Ahora que has aprendido casi todos los fundamentos de la programación, puedes pasar a temas avanzados como Structs y POO (clases y objetos) o profundizar en temas más específicos de tu interés.

www.ingramcontent.com/pod-product-compliance
Lightning Source LLC
Chambersburg PA
CBHW060150060326
40690CB00018B/4059

* 9 7 8 1 8 0 3 6 6 8 3 1 4 *